SENSIBILISATION À LA
CYBERSÉCURITÉ

« *Les amateurs piratent les systèmes, les professionnels piratent les gens* »

Bruce Schneier

SENSIBILISATION À LA CYBERSÉCURITÉ

Manuel de l'employé

MICHAEL MULLINS

Avis de droit d'auteur

Sensibilisation à la cybersécurité – Manuel de l'employé

Auteur : Michael Mullins

Publié par : Amazon KDP

Traduction par : Michéla Mullins

Droits d'auteur © 2022 Michael Mullins

ISBN : 9798356684968

1ère édition français

Dédicace

Ce livre est dédié aux personnes qui m'ont aidé à apprendre tout ce que je sais, sur l'électronique, les ordinateurs, les affaires et la vie.

Mentions légales

L'auteur de ce livre a fait de son mieux pour créer les informations qu'il contient, et ni l'auteur ni l'éditeur ne font aucune réclamation ou garantie quant à l'exactitude, l'exhaustivité ou l'applicabilité de toute information contenue dans ce livre.

L'auteur et l'éditeur déclinent également toute responsabilité pour toute perte ou dommage quel qu'il soit, du fait de la lecture de toute information contenue dans ce livre.

Tous les hyperliens dans ce livre sont à titre d'information seulement, et toute information disponible via des sites Web tiers liés n'est pas garantie pour l'exactitude ou l'adéquation à l'usage.

Table des matières

Avant-propos

Par le brigadier-général Jaak Tarien, retraité
et Professeure Donna O'Shea

Général de brigade Jaak Tarien

La cybersécurité a longtemps été trop mystifiée.
Aujourd'hui, presque tout le monde est connecté à
Internet et donc vulnérable aux cybermenaces.

Les cybercriminels profitent des utilisateurs négligents
en extorquant de l'argent et des données précieuses. Les
groupes APT (Advanced Persistent Threat) soutenus
par l'État-nation utilisent des employés ignorants pour
accéder à des organisations commerciales ou à des
organismes gouvernementaux, voler des données
sensibles et faire avancer leurs agendas politiques.

Pourtant, beaucoup trop d'utilisateurs ont tout
simplement renoncé à tout effort pour se défendre et
défendre leurs organisations. La cybersécurité semble
souvent trop avancée et trop hors de portée de
l'utilisateur moyen.

En Estonie, nous avons fait un effort délibéré pour
simplifier la cybersécurité et éduquer le public sur ses
principes de base.

Nous avons commencé à l'appeler « cyberhygiène » – tout comme vous avez votre routine quotidienne de base pour prendre soin de votre corps et de votre environnement, pour minimiser les risques d'attraper un virus, vous devriez avoir un ensemble d'habitudes d'hygiène pour le cyberespace.

Dans son nouveau livre « Sensibilisation à la cybersécurité – Manuel de l'employé», Michael Mullins a fait un pas important vers la simplification de la cybersécurité pour l'utilisateur moyen, tant au niveau privé qu'organisationnel.

Il fournit un guide facile à suivre à travers les menaces de base et les mesures que tout le monde peut prendre pour atténuer les risques.

Son objectif est de créer le bon état d'esprit pour chaque internaute, en fournissant la confiance nécessaire que la cyberhygiène de base, qui minimise 90% des menaces, est simple et réalisable pour tout le monde.

Brigadier General Jaak Tarien, Retired
Former director, NATO Cooperative Cyber Defence Centre of Excellence
VP of sales and business development (Defence), Cybernetica AS, Estonia

***

Prof. Donna O'Shea

La sensibilisation à la cybersécurité est le processus d'éducation formelle d'une main-d'œuvre sur les différentes menaces existantes, la façon de les reconnaître et les mesures à prendre pour assurer leur sécurité et celle de leur entreprise.

Ce livre fournit aux lecteurs les connaissances clés nécessaires pour une main-d'œuvre plus résiliente en matière de cyber-résilience, en les sensibilisant aux principales menaces de cybersécurité auxquelles ils sont confrontés. Il fournit une explication concise de ce qu'est la cybersécurité et pourquoi elle est nécessaire dans une organisation.

Il identifie les principales menaces et vulnérabilités auxquelles toute organisation est confrontée, en se référant aux technologies émergentes clés. Il aborde également le défi du travail à distance et l'essentiel de la sécurisation d'un réseau.

La prévention est mise en évidence comme l'objectif principal, mais le livre fournit également un guide sur ce qu'il faut faire si les mesures ont échoué et que vous êtes victime d'une cyberattaque.

Le matériel est présenté dans un style facilement accessible, avec des chapitres comprenant des exercices et des ressources pour renforcer l'apprentissage.

Ce manuel de l'employé est très approprié pour quelqu'un qui veut les bases sur la sensibilisation à la cybersécurité et ce qu'une organisation devrait prendre en compte lors de la construction d'un programme de sensibilisation à la cybersécurité.

Prof. Donna O'Shea
Chair of Cybersecurity, Munster Technological University, Ireland
Principal Investigator, Confirm SFI Research Centre for Smart Manufacturing
CIT Director Representative, it@cork, Ireland
Board Member, Cyber Ireland

À propos de l'auteur

Michael Mullins a commencé sa carrière dans le domaine de la cybersécurité après avoir obtenu son diplôme de l'Université Middlesex à Londres. Auparavant, il a travaillé comme technicien en électronique.

Ce n'est que lorsqu'il a attrapé ses premiers pirates informatiques vers 1997 qu'il a découvert la puissance de la surveillance continue des systèmes informatiques et des utilisateurs qui y sont connectés, ainsi que la réaction rapide à tout ce qui sort de l'ordinaire.

Michael a été l'un des premiers à adopter le cryptage PGP, Linux et les pares-feux Internet, et il a aidé à sécuriser des organisations de toutes tailles, y compris des start-ups fintech comme Skrill et des marques de luxe multinationales comme Burberry.

Il a ensuite travaillé pendant plusieurs années chez IBM, les aidant à sécuriser leur infrastructure de services gérés dans plusieurs banques suisses, puis en tant que responsable de sécurité pour l'une des sociétés informatiques les plus connues en Suisse.

Michael a conservé ses liens avec le milieu universitaire et a été examinateur externe en informatique dans une université de Londres. Il a écrit trois livres et créé des cours sur le cloud computing, Linux et la sécurité. Plus de 17 000 étudiants se sont inscrits à ses cours en ligne.

Dans ses temps libres, Michael aime faire du VTT dans les Alpes Suisses et courir aussi bien 10 minutes sur un tapis roulant que des marathons.

Préface

J'ai donné des cours pour la première fois à Londres, lorsque j'ai enseigné des sujets tels que les systèmes de contrôle et les communications de données à des ingénieurs et des informaticiens de premier cycle.

Il n'y avait pas beaucoup de livres d'informatique décents dans la bibliothèque de l'Université à l'époque, mais j'avais la chance de vivre près du centre de Londres, donc si j'avais besoin de rafraîchir mes connaissances avant de suivre un cours, je descendais à la librairie Foyles ou Dillons, où un geek pouvait facilement passer la journée à lire des livres d'O'Reilly, assis par terre entre des étagères.

Maintenant que nous avons Amazon, il y a tellement plus de choix. Ce qui est décevant cependant, c'est que parce qu'il est si facile d'auto-publier un livre numérique sur Amazon, vous voyez des livres avec un grand titre, mais souvent ils sont pleins de contenu creux et mauvais.

Alors, quand on m'a demandé d'enseigner un cours sur la sensibilisation à la cybersécurité aux ingénieurs et aux développeurs d'une entreprise informatique suisse, j'ai pensé qu'il devait y avoir un bon livre à ce sujet.

J'ai été surpris de constater qu'il n'y en avait pas.

Mais maintenant, il y en a un, et vous l'avez entre vos mains. J'espère que vous aimerez le lire autant que j'ai aimé l'écrire.

Introduction

« N'importe quel imbécile peut savoir ; le but est de comprendre "
Albert Einstein

Tout d'abord, j'aimerais vous remercier d'avoir obtenu un exemplaire de mon livre sur la sensibilisation à la cybersécurité.

Ce livre a été écrit pour des employés, mais il convient également aux étudiants, ou à toute personne qui utilise des ordinateurs, des smartphones ou tout autre appareil électronique, sur Internet. Parce qu'aujourd'hui, presque tout le monde a besoin d'une base de référence sur la cybersécurité.

Vous savez probablement déjà que la plupart des employés sont sensibilisés à la cybersécurité lors de leur journée d'intégration, ainsi qu'à un cours de recyclage annuel pour cocher une case et satisfaire les auditeurs. Mais c'est sûrement passer à côté de l'essentiel.

Avec autant de grandes organisations bien financées victimes d'attaques de ransomware, qui coûtent des millions d'euros et prennent des mois à se remettre, les formations de sensibilisation à la cybersécurité devraient empêcher ces incidents de cybersécurité coûteux de se produire en premier lieu.

OK, alors qu'allons-nous couvrir dans ce livre ?

Ce livre est différent de beaucoup que vous avez lu auparavant. La mise en page du livre suit un modèle « quoi, pourquoi, comment » de présentation du concept de cybersécurité.

Tout d'abord, nous allons clarifier ce qu'est exactement la cybersécurité. Ensuite, nous examinerons les raisons pour lesquelles tout le monde a besoin d'une formation en cybersécurité. Puis, nous soulignerons comment vous pouvez potentiellement être vulnérable aux attaques de pirates informatiques et de criminels.

Ensuite, nous couvrirons les différentes mesures que vous devez prendre pour empêcher les cyberattaques, ce qu'il faut faire et ce qu'il ne faut pas faire si vous êtes victime d'une cyberattaque.

Il y a aussi un chapitre sur la certification de sécurité Cyber Essentials au Royaume-Uni.

Vous trouverez également des exercices dans chaque section, pour vous aider à renforcer votre connaissance sur la cybersécurité, au fur et à mesure que nous parcourons chaque chapitre.

Il y a aussi deux sections qui expliquent comment signaler les cybercrimes qui touchent une personne, et les cybercrimes plus graves qui touchent des services essentiels.

À la fin du livre, il y a quelques ressources utiles avec des outils pour vous aider à améliorer votre cybersécurité.

La lecture de ce livre et la suite d'un cours de sensibilisation à la cybersécurité vous permettront de mieux comprendre les nombreuses menaces de cybersécurité auxquelles nous sommes tous confrontés aujourd'hui et comment y faire face.

Quoi que vous appreniez de ce livre, le principal point à retenir est qu'une formation meilleure et plus fréquente en matière de sensibilisation à la cybersécurité aidera à réduire le nombre d'incidents de cybersécurité coûteux, de ransomwares et d'escroqueries financières dont nous parlons tous les jours dans les nouvelles.

OK, alors commençons.

Introduction

Qu'est-ce que la cybersécurité ?

« La cybersécurité est la pratique
qui consiste à protéger les actifs
numériques contre les cyberattaques

»

Dans ce chapitre, je présenterai une brève introduction à la cybersécurité. Nous examinerons quelques définitions de base, quelques types de cyberattaques courants et leurs principales causes.

Alors, comment définissons-nous la cybersécurité ?

« La cybersécurité est la pratique qui consiste à protéger les actifs numériques contre les cyberattaques »

Vous pensez probablement, que sont exactement les actifs numériques ? Les actifs numériques comprennent les systèmes, les logiciels et les données.

Vos systèmes personnels comprennent des éléments tels que votre smartphone, votre ordinateur, votre routeur Wi-Fi, votre imprimante et même des appareils domestiques intelligents tels que des caméras de sécurité et Alexa Amazon. Donc, tous vos appareils électroniques.

Mais au travail ou à l'école, vos systèmes signifient beaucoup plus.

Ils incluent tous les ordinateurs, réseaux ou périphériques de stockage utilisés dans les systèmes informatique de l'organisation.

Étant donné que de nombreuses entreprises utilisent désormais le cloud public comme AWS d'Amazon pour fournir leur système informatique, certains de vos systèmes peuvent être des systèmes virtuels dans différents centres de données Amazon.

Votre logiciel comprend votre système d'exploitation PC ou Mac, les programmes installés sur votre ordinateur, les applications installées sur vos appareils mobiles et les applications SaaS comme Gmail que vous utilisez en ligne.

Vos données peuvent être des données privées comme vos dossiers médicaux, des données propriétaires comme la propriété intellectuelle ou des données publiques comme des pages Web.

Dans une organisation bien gérée, les propriétaires de données doivent étiqueter les données pour aider à les classer en fonction de leur sensibilité.

Maintenant, lorsque nous parlons de données, nous entendons généralement toutes vos informations stockées électroniquement.

Mais n'oubliez pas que les données peuvent également être imprimées ou écrites. Et n'oublions pas que les mots de passe sont aussi des données.

Maintenant, une question importante que vous devez vous poser est de savoir où se trouvent toutes vos données ? C'est important parce que vous ne pouvez pas protéger quelque chose si vous ne savez pas où il se trouve.

Vos données peuvent se trouver sur votre smartphone, tablette, lecteurs de disque portables, sur des clés USB, dans le cloud ou même sur des CD ou des DVD.

Alors, comment définir une cyberattaque ?

« Une cyberattaque vise à accéder, modifier ou détruire des données, extorquer de l'argent ou interrompre des affaires »

Qui est responsable de votre cybersécurité ?

Dans une grande organisation, tout le monde est responsable de la cybersécurité. Cela signifie des dirigeants d'entreprise, des équipes de sécurité et de support informatique, et chaque personne de l'organisation. Mais si vous êtes un solopreneur (ou autoentrepreneur) ou un utilisateur à domicile, personne d'autre n'est responsable de votre cybersécurité que vous.

Alors, quels sont les types de cyberattaques les plus courants ?

Les trois types de cyberattaques les plus courants sont la criminalité financière, les violations de données et les ransomwares. Mais parfois, ils sont combinés.

Le but de la criminalité financière est de voler de l'argent ou des actifs cryptographiques.

Les violations de données sont généralement effectuées pour voler des données privées précieuses ou des données propriétaires qui peuvent être vendues ou utilisées pour d'autres crimes.

Dans les attaques de ransomware les plus courantes, les données sont cryptées de sorte qu'elles ne soient plus utilisables. Ensuite, l'attaquant exige le paiement d'une rançon en échange de la clé de décryptage.

Alors, quelles sont les causes des cyberattaques ? Il y a trois raisons principales pour lesquelles les cyberattaques se produisent.

De nombreuses cyberattaques réussies commencent par un courriel malveillant. Il peut s'agir d'une pièce jointe infectée, d'un lien vers un site Web malveillant ou d'une escroquerie visant à inciter quelqu'un à divulguer un mot de passe ou à effectuer un paiement.

Une autre raison pour laquelle les cyberattaques se produisent est l'échec de la mise à jour ou de la mise à niveau des systèmes d'exploitation et des applications logicielles.

Et l'incapacité à utiliser un logiciel anti-malware efficace est une autre grande cause de cyberattaques réussies. Même si vous ne parvenez pas à mettre à jour votre logiciel et que vous ouvrez une pièce jointe malveillante, une bonne solution anti-malware peut toujours vous sauver.

L'un des meilleurs moyens de se remettre d'une cyberattaque est d'avoir des sauvegardes régulières stockées hors site, par exemple dans le cloud. Et au moins certaines de ces sauvegardes doivent être hors ligne ou sécurisées contre la suppression ou les dommages causés par un attaquant.

Une dernière chose que vous devez savoir est que les victimes de cyberattaques sont souvent des futures victimes dans un avenir pas trop lointain. Parce que les gens ont leurs petites habitudes, si vous avez une mauvaise cybersécurité maintenant, il est peu probable que vous changiez.

Exercice

Voici un exercice rapide à faire maintenant.

1. Déterminez d'abord quels sont vos actifs numériques les plus précieux.
2. Ensuite, demandez-vous s'ils sont stockés en toute sécurité.
3. Et enfin, avez-vous une sauvegarde sécurisée de vos données, et où se trouve-t-elle ?

Pourquoi la cybersécurité est-elle importante ?

« Il faut 20 ans pour construire une réputation, mais seulement 5 minutes et 1 incident de cybersécurité pour la ruiner »

Voyons maintenant pourquoi la cybersécurité est si importante. Eh bien, il y a beaucoup de raisons, mais regardons quatre principales. Ils comprennent la conformité, le coût, la confidentialité et la sécurité nationale.

Examinons d'abord la conformité.

Souvent, les organisations et les individus doivent démontrer leur conformité aux exigences, aux lois ou aux réglementations des clients dans leur région.

Par exemple, si votre client est le gouvernement britannique, il vous sera demandé la certification de sécurité Cyber Essentials Plus.

Ou votre équipe de vente peut vous demander la certification ISO27000, pour une proposition de vente.

Et si vous ou votre organisation traitez des données privées de citoyens de l'Union européenne (UE), vous devez vous conformer au RGPD.

Si vous traitez des paiements par carte, vous devez vous conformer à la norme de sécurité des données de l'industrie des cartes de paiement, connue sous le nom de PCI-DSS.

Et des assureurs comme AXA demandent maintenant si certains contrôles de sécurité sont en place, avant de vous couvrir avec une cyber assurance.

Donc, comme vous pouvez le constater, il existe de nombreuses raisons pour lesquelles vous ou votre organisation devrez peut-être vous conformer aux normes de cybersécurité.

La mauvaise nouvelle est que le fait de ne pas être conforme vous empêchera tôt ou tard de faire affaire avec certains clients. Mais la bonne nouvelle est qu'en passant par le processus d'atteinte et de maintien de la conformité, vous atteindrez un niveau de maturité amélioré dans la cybersécurité de votre organisation. Nous allons maintenant examiner le coût des incidents de cybersécurité.

Le coût élevé des incidents de cybersécurité est probablement la principale raison pour laquelle les organisations commencent à prendre la cybersécurité plus au sérieux actuellement. Les incidents de cybersécurité ont de nombreux coûts, certains directs et d'autres indirects. Regardons maintenant certains d'entre eux.

Considérons d'abord les coûts directs. Les coûts directs comprennent le coût du recouvrement, les coûts de défense des réclamations légales et les amendes. Juste pour que vous le sachiez, les consultants en informatique et les avocats sont très chers, surtout en cas d'urgence.

Et le coût de la prévention d'une cyberattaque est beaucoup moins élevé que les coûts de récupération typique. Par exemple, les coûts initiaux de recouvrement de la cyberattaque du service de santé irlandais HSE s'élevaient à près de 50 millions d'euros, mais le chiffre final a été estimé à 100 millions d'euros.

13

Aux États-Unis, AMCA a volées les données des factures médicaux de 20 millions de personnes en 2018 et 2019. Après 4 millions de dollars en honoraires de consultants en informatique, frais juridiques et réclamations pour rupture de contrat, ils ont déposé une demande de protection en vertu du chapitre 11 de la loi sur les faillites.

Le problème ne se limite pas non plus aux organisations. Chaque année, des milliers de personnes âgées sont amenées à transférer leurs économies à des escrocs prétendant travailler pour le support Microsoft.

Mais qu'en est-il des coûts indirects ? Les coûts indirects comprennent la perte d'activité, l'atteinte à la réputation et la perte de clients.

Il est intéressant de noter qu'au Royaume-Uni, 44% des consommateurs interrogés ont déclaré qu'ils cesseraient d'utiliser une entreprise après une violation de la sécurité, et 41% ont déclaré qu'ils ne reviendraient jamais. Récemment, de nombreux échanges de crypto-monnaies et start-ups ont été piratés, ce qui a causé d'énormes dommages à leur réputation et, dans certains cas, a entraîné la faillite.

Par exemple, en 2014, environ 1,5 million de Bitcoins, soit 7% du totale existant mondiale, ont été volés dans l'échange cryptographique Mt. Gox en 2022, au moment de la rédaction, cela valait environ 30 milliards de dollars. Et la plupart de ces Bitcoin appartenaient à des gens ordinaires qui ne pouvaient pas se permettre de les perdre.

Cela peut sembler évident, mais il y a souvent aussi un coût humain indirect. Par exemple, en raison de la cyberattaque du NHS britannique, de nombreuses opérations médicales de routine ont dû être annulées.

Et en 2015, des pirates ont montré qu'ils pouvaient contrôler à distance les systèmes de direction et de freinage d'une Jeep, via un réseau mobile 4G.

Qu'en est-il de la protection de la vie privée ?

Edward Snowden a dit :

> *« Soutenir que vous ne vous souciez pas du droit à la vie privée parce que vous n'avez rien à cacher, n'est pas différent de dire que vous ne vous souciez pas de la liberté d'expression parce que vous n'avez rien à dire »*

Que vous ayez quelque chose à cacher ou non, votre smartphone et votre ordinateur récoltent beaucoup plus de données sur vous et vos comportements que vous ne le pensez. Ces données sont utilisées pour créer un profil de vous, qui est ensuite vendu par des sociétés de publicité aux gouvernements et à toute autre personne prête à payer pour cela.

Ce profil peut ensuite être utilisé pour vous cibler et vous manipuler. L'objectif pourrait être de vous persuader d'acheter quelque chose sur l'impulsion, ou de voter d'une certaine manière lors du référendum sur le Brexit.

Mais il y a un côté encore plus sombre. Les réseaux criminels organisés peuvent également utiliser la même technologie et les mêmes données pour voler votre identité ou pour vous exploiter.

Il est donc important de s'assurer que les applications et les programmes de votre smartphone et de votre ordinateur sont mis à jour et configurés pour la confidentialité, et que vous utilisez des applications de confidentialité Internet modernes qui limitent la quantité de renseignements personnels partagés avec les agences de publicité.

De nos jours, avec autant de violations de données dans des entreprises comme Facebook et LinkedIn, vous devriez également réfléchir à deux fois avant de partager des informations personnelles dans des applications mobiles et sur les réseaux sociaux.

Examinons maintenant la sécurité nationale.

OK, alors peut-être que vous ne travaillez pas pour le gouvernement. Pourquoi devriez-vous vous soucier de la sécurité nationale ? N'est-ce pas la responsabilité de quelqu'un d'autre ? Essayons de répondre à cette question.

Dans le passé, les guerres étaient cinétiques, mais de nos jours, les guerres cybernétiques se déroulent dans le cyberespace.

La cyberguerre peut être utilisée pour causer de l'anxiété et de l'agitation, en dégradant les sites Web gouvernementaux et en refusant l'accès aux services essentiels comme les soins de santé et les services bancaires.

En 2007, après le déplacement d'un monument soviétique en bronze, des cyberattaques ont visé plusieurs sites Web du gouvernement estonien, des banques, des journaux et des radiodiffuseurs[1.] Le même type de cyberattaque vient de se produire en août 2022, mais cette fois l'attaque était beaucoup plus puissante.

Depuis 2007, le gouvernement estonien a considérablement amélioré ses cyberdéfenses, de sorte à ce que l'attaque n'a eu que peu ou pas d'impact cette fois-ci.

La dégradation de sites Web n'est pas le pire des scénarios. Les cyberattaques peuvent également être utilisées pour causer des dommages physiques aux infrastructures critiques.

Par exemple, en 2010, le malware Stuxnet a été utilisé pour endommager les machines d'une installation nucléaire iranienne[2].

Même si les systèmes de contrôle industriel des sites n'étaient pas connectés à Internet, quelqu'un a négligemment connecté un périphérique de stockage USB infecté à l'ordinateur de contrôle, ce qui a permis l'attaque. Pensez à ce qui pourrait arriver si une attaque similaire était utilisée pour détruire une centrale nucléaire près de chez vous.

Ainsi, même si vous n'êtes qu'un utilisateur à domicile, l'utilisation des meilleures pratiques de cybersécurité garantit par exemple que votre routeur Wi-Fi est moins susceptible d'être détourné pour aider à attaquer un barrage critique ou une centrale électrique.

Exercice

Voici un exercice rapide à faire maintenant.

1. Recherchez une violation de données importante dans votre pays et essayez de trouver les coûts de recouvrement.
2. Sur la base de ce que nous avons couvert dans ce module, pourquoi la cybersécurité est-elle maintenant importante pour vous ?
3. Allez sur le site Web du moteur de recherche Shodan à cette URL, https://www.shodan.io et voyez quels appareils intéressants sont visibles sur Internet.

Pourquoi la cybersécurité est-elle importante ?

Menaces et vulnérabilités

« La cybersécurité, c'est comme verrouiller sa porte d'entrée. Cela n'arrête pas les cambrioleurs, mais si c'est assez bon, ils passeront à une cible plus facile. »

Plus tard, nous examinerons certaines des différentes façons dont vous pouvez être vulnérable aux cyberattaques. Mais d'abord, il est important de comprendre comment les cyberattaques se produisent.

Pour qu'une cyberattaque réussisse, un attaquant (acteur de la menace) doit exploiter une ou plusieurs vulnérabilités. Et si vous êtes vulnérable, il est probable qu'un attaquant exploite vos faiblesses.

Quelques exemples de vulnérabilités sont, en utilisant d'anciens logiciels comme Windows 7, en utilisant le Wi-Fi ouvert et en n'utilisant pas de bons logiciels anti-malware.

Le niveau de risque de vos vulnérabilités, la probabilité qu'elles soient exploitées, ainsi que toute protection ou atténuation que vous avez mise en place, affecteront si vous pouvez être exploité ou non.

Pensez-y. Si vous laissez votre porte d'entrée déverrouillée la nuit, vous êtes vulnérable. Il est probable qu'un cambrioleur exploite votre vulnérabilité, il y a donc un risque de cambriolage. Et si vous verrouillez votre porte mais que vous avez une serrure de mauvaise qualité ou mal installée, c'est un autre type de vulnérabilité.

Dans le premier exemple (laisser votre porte déverrouillée), c'est votre comportement qui vous rend vulnérable, tandis que dans le second, c'est votre technologie ou la façon dont vous la configurez qui est problèmatique. Dans les deux cas, si vous ajoutez une protection supplémentaire, comme l'installation et le réglage d'une alarme anti-intrusion la nuit, votre niveau de risque global est réduit.

La cybersécurité n'est pas différente. Si vous êtes négligent dans vos comportements, vous serez victime d'une cyberattaque. Et si vous utilisez une technologie de qualité inférieure, ou si vous n'utilisez pas la technologie correctement, la même chose se produira.

L'utilisation de couches de sécurité supplémentaires, telles que l'ajout d'une solution anti-malware efficace, réduira votre niveau de risque.

D'autres options incluent d'attribuer le risque à un tiers en utilisant une couverture de cyber assurance, ou vous pouvez décider d'accepter simplement certains risques.

Le tableau suivant montre comment les menaces et les vulnérabilités peuvent affecter le risque d'impact sur l'entreprise.

Menace	Vulnérabilité	Risque	Impact
Hameçonnage	Pas de filtrage des pièces jointes ou des liens Logiciel non mis à jour Pas de formation de sensibilisation Pas de protection du navigateur L'authentification forte non utilisé	Compromission des informations d'identification de l'utilisateur Compromission du système Propagation des ransomwares Vol de données personnelles	Perte de réputation Perte de clients Réclamations légales et amendes Coût du recouvrement

Exercice

Voici un exercice rapide à faire maintenant.

4. Quels sont certains de vos comportements sur les réseaux sociaux qui peuvent vous rendre plus vulnérable aux pirates informatiques et aux escrocs ?

5. Y a-t-il certains sites Web que vous visitez ou applications mobiles que vous utilisez de temps à autre qui peuvent constituer un risque pour votre cybersécurité ou votre vie privée ?

6. Quelles sont les menaces à la cybersécurité que vous connaissez déjà ? Utilisez Google pour en trouver d'autres auxquelles vous n'auriez peut-être pas pensé.

Messagerie et navigation Web

« Ne laissez jamais un ordinateur
savoir que vous êtes pressé »

Nous allons examiner les vulnérabilités dues à l'utilisation d'applications pour la messagerie et le World Wide Web. Cela inclut les applications de messagerie, les applications de messagerie instantanée et les navigateurs Web.

Tout d'abord, les emails peuvent vous exposer à des logiciels malveillants livrés dans des pièces jointes, à un lien hypertexte malveillant dans un message ou à être manipulé pour prendre des mesures indésirables. Une action indésirable peut être de divulguer des informations, d'effectuer un paiement ou d'entamer une conversation imprudente avec l'expéditeur.

Lorsque vous lisez un courriel, recherchez toujours trois choses, l'adresse de l'expéditeur, le vocabulaire et la grammaire du courriel et l'objectif du courriel.

Les pirates déguisent souvent leur véritable adresse électronique, de sorte que vous pensez que vous recevez un e-mail de quelqu'un que vous connaissez ou en qui vous avez confiance.

En passant votre souris sur l'adresse de l'expéditeur, vous pouvez facilement voir le domaine de l'expéditeur. Si l'expéditeur est le directeur financier d'une grande organisation et que le domaine de l'expéditeur est @gmail.com, alors quelque chose ne va pas.

Si vous remarquez que le vocabulaire et la grammaire sont mauvais, il y a de fortes chances que le courriel provienne d'un escroc.

Vous savez déjà que les courriels sont soit destinés à votre information, soit destinés à ce que vous preniez une mesure.

Ainsi, lorsque vous lisez un courriel où il y a un appel à l'action comme « appelez-moi », « répondez », « remplissez un formulaire » ou « cliquez ici », demandez-vous, qu'est-ce qu'on me demande de faire ici, et est-ce normal.

Un sentiment d'urgence est un moyen de persuader les gens de prendre des mesures sans réfléchir. Donc, si votre directeur général vous envoie un courriel vous demandant d'effectuer un paiement inhabituel de toute urgence, vous devriez vraiment demander à quelqu'un d'autre qui est senior dans l'organisation.

Si vous ouvrez une pièce jointe ou cliquez sur un lien dans un courriel, il existe un risque qu'il y ait un logiciel malveillant dans la pièce jointe ou sur le site Web lié. Ainsi, chaque fois que vous recevez un courriel contenant des pièces jointes ou des liens, vérifiez que l'expéditeur est authentique et décidez si vous deviez recevoir cette pièce jointe ou ce lien de cet expéditeur, avant de l'ouvrir ou de cliquer.

Cela pourrait vous surprendre de savoir que les liens de désabonnement peuvent également conduire à des logiciels malveillants.

Certaines des menaces par courriel les plus courantes sont le phishing, les escroqueries financières et l'extorsion.

Le phishing est une attaque où vous recevez un courriel pour vous manipuler afin de fournir des informations confidentielles. Il peut s'agir de votre mot de passe, des détails de votre carte de crédit ou de votre phrase de récupération de portefeuille de crypto-monnaie.

Le spear-phishing est similaire, mais la différence est qu'une personne en particulier est ciblée en raison de sa grande valeur dans une organisation. Par exemple, la personne qui effectue des paiements dans une entreprise peut être victime d'hameçonnage.

Ensuite, si nous examinons les escrocs financiers, ils peuvent vous raconter une triste histoire impliquant le décès d'une personne riche et vous offrir une part dans un héritage.

Et les escrocs à l'extorsion peuvent vous envoyer un faux avis de poursuite d'Interpol ou d'Europol, vous demandant de payer une amende, ou prétendant avoir des photos compromettantes, menaçant de les divulguer si vous ne payez pas.

Tout comme le courrier électronique, vous pouvez recevoir des messages instantanés sur votre smartphone, avec des liens malveillants, ou des messages destinés à vous manipuler pour que vous agissiez. Et parce que la messagerie instantanée est principalement utilisée sur les smartphones, nous sommes principalement concernés par les appareils Apple et Android.

Lorsque nous parlons de messagerie instantanée, nous parlons d'applications mobiles comme WhatsApp, Facebook Messenger et iMessage, mais aussi de nombreuses autres applications de messagerie.

N'oubliez pas que certains appareils mobiles sont plus vulnérables aux logiciels malveillants, car les anciens téléphones Android ne peuvent pas être mis à jour avec la dernière version du logiciel. Et de nombreux utilisateurs d'Apple ne prennent pas la peine de mettre à jour le logiciel de leur téléphone dès que les mises à jour sont disponibles. Donc, ils sont souvent vulnérables aussi.

Même si vous recevez un SMS ou un message WhatsApp avec un lien de quelqu'un que vous connaissez bien, vous feriez bien d'ignorer le lien. En effet, la famille et les amis transmettent souvent un message à leurs contacts sans se rendre compte qu'il est lié à des logiciels malveillants. Et dans certains cas, le smartphone infecté par un logiciel malveillant d'un ami enverra automatiquement un message infecté par un logiciel malveillant à tous les contacts du téléphone, y compris à vous.

Souvent, les messages instantanés suspects sembleront trop beaux pour être vrais. Le message pourrait dire que vous avez gagné un gros prix, ou vous pourriez vous offrir un rabais inhabituellement élevé. Ou peut-être que quelqu'un que vous n'avez rencontré qu'une seule fois vous envoie un message qui semble inhabituel.

Si vous annoncez des articles à vendre sur le marché de Facebook, vous serez presque certainement contacté via Messenger par des personnes qui veulent vos articles sans négocier le prix. L'escroc proposera d'envoyer un coursier pour récupérer l'article et livrer de l'argent comptant pour le paiement. Mais il vous sera d'abord demandé de payer l'assurance de transport FedEx à l'avance.

Certaines personnes paient les faux frais FedEx, mais FedEx ne vient jamais avec l'argent ou pour ramasser les marchandises.

Un autre piège à surveiller c'est les escroqueries de crypto-influenceurs sur Messenger. Quelqu'un que vous connaissez peut-être en tant qu'influenceur, vous envoie un message vous offrant une opportunité d'investissement exclusive.

Les influenceurs n'envoient pas ce genre d'offre en utilisant la messagerie instantanée. Habituellement, les escrocs ont un profil Facebook cloné, avec un nombre d'abonnés beaucoup plus faible que le profil du véritable influenceur.

Une autre vulnérabilité à surveiller est les faiblesses d'Airdrop d'Apple. Au minimum, si votre iPhone est configuré pour accepter des fichiers de n'importe qui, un attaquant peut vous envoyer une photo embarrassante, ou pire encore, avec les anciennes versions d'IOS, un attaquant peut être en mesure d'installer des logiciels malveillants sur votre iPhone.

Alors que nous parlons de messagerie mobile, il convient de savoir que de nombreuses organisations ne recommande plus d'utiliser des codes SMS lors de la connexion à des services tels que Gmail. Même Google a abandonné les codes de connexion SMS pour ses employés.

Cela est dû à une attaque appelée attaque d'échange de carte SIM, où quelqu'un appelle votre opérateur mobile et demande une carte SIM de remplacement. Ils ont ensuite repris votre numéro de téléphone afin qu'ils puissent recevoir vos codes de connexion SMS.

Mais les messages SMS sont également assez faciles à intercepter à l'aide de certains appareils électroniques de base. Donc, si vous êtes un individu à valeur nette élevée connu, vous pourriez facilement être ciblé de cette façon.

L'utilisation d'un navigateur Web sur un ordinateur ou un appareil mobile peut être tout aussi dangereuse que l'utilisation de courrier électronique ou de messagerie instantanée.

L'un des plus gros problèmes est de visiter des sites Web qui propagent des logiciels malveillants. Disons par exemple que vous ne voulez pas payer pour MS Office. Vous pouvez rechercher Google pour « MS Office Cracké » Vous constaterez que les premiers sites répertoriés par Google contiennent tous des logiciels malveillants.

Donc, dans le pire des cas, vous téléchargez et installez une copie piratée et infectée d'Office. Ensuite, la prochaine fois que vous serez sur votre banque en ligne, vous constaterez peut-être que votre compte est presque instantanément vidé de vos économies.

Dans le meilleur des cas, votre solution anti-malware qualifie ces sites de dangereux, et même si vous ignorez les alertes et cliquez pour télécharger, vous serez empêché d'atteindre ces sites.

Et si vous êtes un hacker en herbe, méfiez-vous du téléchargement de logiciels de piratage comme « Dumper Wi-Fi Hacker pour PC ». Ce téléchargement contient également des logiciels malveillants.

Une attaque au volant peut tirer parti d'un navigateur Web qui contient des failles de sécurité en raison d'un manque de mises à jour de sécurité. En plus de visiter le site Web infecté, un drive-by n'a pas besoin que vous fassiez autre chose pour lancer l'attaque.

Une attaque au volant peut être utilisée pour vous espionner, prendre le contrôle de votre ordinateur pour extraire des jetons cryptographiques ou installer un ransomware.

Une autre vulnérabilité dans les navigateurs Web est l'utilisation d'extensions de navigateur, et un bon exemple c'est les attaques sur les portefeuilles cryptographiques chauds comme MetaMask. Normalement, lorsque vous transférez des jetons cryptographiques à partir de votre portefeuille MetaMask, vous devez autoriser le site Web d'échange à dépenser des crypto-monnaies qui se trouvent dans votre portefeuille d'extension de navigateur.

Le problème est qu'il y a eu des cas où des sites Web d'échange de crypto ont été détournés, et des utilisateurs assez riches ont involontairement permis au site Web imposteur de dépenser toute leur crypto, vidant efficacement leur portefeuille de millions d'actifs cryptographiques.

Dans les cas extrêmes, les extensions de navigateur malveillantes peuvent également voler de nombreuses données privées, y compris les mots de passe ou votre numéro de carte de crédit.

Ainsi, comme vous pouvez le constater, il existe de nombreuses façons de vous exposer aux cyberattaques, simplement en utilisant les courriers électroniques, la messagerie instantanée ou un navigateur Web.

Exercice

Voici un exercice rapide à faire maintenant.

1. Vérifiez votre dossier Courrier indésirable et voyez si vous pouvez trouver des exemples de messages qui sont du phishing ou des escroqueries financières.

2. Vérifiez vos applications de messagerie instantanée pour voir si vous avez reçu des messages avec un lien suspect.

3. Découvrez à quel point votre navigateur est sécurisé en visitant le site suivant https://browseraudit.com/

Travail à distance

« Je suis en couple avec le Wi-Fi de
mon voisin. On pourrait dire que
nous avons un lien fort »

Ensuite, nous allons examiner comment les travailleurs mobiles et les personnes travaillant à domicile sont également vulnérables aux cyberattaques. Cela est devenu une priorité pendant le Covid-19, car les équipes de sécurité informatique ont rapidement réalisé que plus de personnes travaillant à distance entraînaient un risque accru de cyberattaque.

L'une des plus grandes menaces pour les travailleurs à distance est due à l'utilisation du Wi-Fi public, ou Wi-Fi configuré avec des paramètres de sécurité faibles.

Pourquoi ?

Depuis les années 1990, lorsque les solutions Wi-Fi ont été standardisées pour la première fois, la technologie présentait des failles de sécurité majeures, ce qui facilitait le piratage des réseaux. Et parce que le Wi-Fi est souvent configuré par des personnes sans aucune connaissance en cybersécurité, parfois le réseau est configuré avec une sécurité faible ou même sans sécurité.

Parce que les normes de sécurité Wi-Fi sont extrêmement complexes, il est facile de penser que vous avez configuré votre réseau en toute sécurité, alors qu'en fait vous ne l'avez pas fait.

Un exemple de sécurité Wi-Fi faible est celui où un restaurant appelé « Charlies Pizza », utilise un mot de passe Wi-Fi « CHARLIESPIZZA ». Et un exemple d'absence de sécurité est la désactivation du cryptage WEP et WPA, également connu sous le nom de Wi-Fi ouvert.

Un autre exemple est celui où votre Wi-Fi est configuré pour autoriser les connexions à l'aide d'un code PIN WPS. De nos jours, avec le bon équipement, un code PIN à 8 chiffres peut être craqué en environ 2 secondes.

Pour rester anonyme lors du partage de données volées avec des journalistes, Edward Snowden a déclaré dans son livre qu'il conduisait dans les quartiers jusqu'à ce qu'il trouve un Wi-Fi avec une faible sécurité. Une fois qu'il a trouvé un réseau avec une faible sécurité, il allait se garer, pirater, puis travailler sur le Wi-Fi de quelqu'un d'autre.

Une fois qu'un pirate est connecté à votre Wi-Fi, dans de nombreux cas, il pourra se connecter à votre Mac, PC, Apple TV, caméras de vidéosurveillance, Amazon Alexa et tout autre appareil de votre réseau. Et si vous n'avez pas modifié les mots de passe par défaut d'usine sur vos caméras de vidéosurveillance, ce pirate aura également accès à votre flux de caméra.

Le Wi-Fi des hôtels est encore plus dangereux, car les clients de l'hôtel sont souvent ciblés, et il y a eu des cas dans le passé où des clients VIP de l'hôtel comme des diplomates et des PDG d'entreprise ont été ciblés par des groupes de piratage internationaux[3].

Il existe également des vulnérabilités dans d'autres appareils sans fil tels que les claviers et les souris, certains utilisant Bluetooth, d'autres non. Par exemple, dans l'attaque MouseJack[4], un attaquant peut pirater un ordinateur en envoyant des commandes au clavier via un dongle sans fil, situé jusqu'à 100 mètres de distance. Et les commandes clavier et les mots de passe saisis par un utilisateur peuvent être reniflés à partir de claviers sans fil dans un KeySniffer Attack[5].

En 2019, un chercheur en sécurité a révélé de nouvelles vulnérabilités dans les dongles USB Logitech, les claviers sans fil, les souris et les clickers de présentation[6]. Un attaquant pourrait utiliser le dongle Logitech pour prendre le contrôle d'un ordinateur sans être remarqué. Il n'est donc pas étonnant que Logitech ait publié une nouvelle série de claviers professionnels, avec un cryptage sans fil amélioré.

Et il existe de nombreuses autres vulnérabilités Bluetooth qui permettent à un attaquant de prendre le contrôle d'un appareil à l'aide de son interface Bluetooth, puis de voler ou de supprimer des fichiers, etc.

Un autre danger moins évident pour les travailleurs à distance est l'IoT (ou Internet des objets). Les personnes travaillant à domicile auront souvent des contrôleurs de maison intelligente, et des appareils comme l'éclairage intelligent et les téléviseurs intelligents. Ceux-ci ne sont pas exempts de vulnérabilités non plus. Les chercheurs ont découvert que même les ampoules intelligentes peuvent être exploitées, ce qui peut compromettre l'ensemble du réseau domestique[6].

Une autre vulnérabilité qui est importante, en particulier pour les travailleurs à distance, est liée à l'accès physique. Il s'agit d'un problème où vous laisser votre ordinateur portable ou votre smartphone sans surveillance, ou lorsqu'ils sont perdus ou volés.

Si le chiffrement de disque n'est pas activé sur votre ordinateur portable, toutes les données de cet ordinateur portable sont en danger si elles sont volées, car il n'est pas difficile de dépasser la protection par mot de passe sur de nombreux ordinateurs portables. Et le chiffrement de votre ordinateur ou de votre appareil mobile est inutile si vous désactivez le verrouillage d'écran, utilisez un code PIN simple comme 0000 ou prolongez les délais d'expiration de l'économiseur d'écran.

Les données non chiffrées sur les clés USB sont également exposées en cas de perte ou de vol de l'appareil. Il existe cependant de nombreux risques plus graves associés aux périphériques USB, et ceux-ci sont particulièrement pertinents pour les travailleurs à distance dans les lieux publics ou les chambres d'hôtel.

Si vous laissez votre ordinateur portable sans surveillance dans un lieu public, il est possible qu'il puisse être compromis en quelques secondes à l'aide d'un Rubber Ducky Attack[8]. Un Rubber Ducky est un périphérique USB personnalisé à 50 $ qui agit comme un clavier. Il peut être programmé pour injecter suffisamment de commandes dans un ordinateur déverrouillé, pour installer des logiciels malveillants et en prendre le contrôle en quelques secondes.

Il existe une alternative à 10 $ qui fait la même chose. Le Bad USB Attack[9] utilise un lecteur flash USB normal qui est converti à l'aide d'un logiciel personnalisé, pour prendre en charge un ordinateur portable sans surveillance de la même manière.

Et dans une Evil Maid Attack[10], le mot de passe de cryptage du disque d'un ordinateur portable peut être capturé, en accédant à l'ordinateur portable sans surveillance, bien que dans cette attaque, l'accès soit nécessaire deux fois. C'est ce qu'on appelle l'attaque de la femme de chambre maléfique parce qu'une femme de chambre d'hôtel pourrait facilement accéder à votre ordinateur portable dans votre chambre d'hôtel verrouillée.

Enfin, il convient de mentionner qu'une clé USB d'apparence innocente que vous trouvez sur le sol peut contenir des logiciels malveillants avancés qui pourraient être utilisés pour causer des dommages physiques dans une usine, une centrale électrique ou un service des eaux.

Donc, j'espère que vous pouvez maintenant voir comment les travailleurs à distance et les personnes travaillant à domicile sont très vulnérables aux cyberattaques.

Exercice

Voici un exercice rapide à faire maintenant.

1. Vérifiez s'il existe un réseau Wi-Fi ouvert près de chez vous. N'oubliez pas que vous n'avez pas besoin d'un mot de passe ou d'une phrase secrète pour vous connecter à un réseau Wi-Fi ouvert.

2. Réglez une minuterie pendant 5 minutes et laissez votre ordinateur portable là où vous pouvez le voir, pour tester si vous avez besoin d'un mot de passe pour y accéder à nouveau.

3. Vérifiez si le disque de votre ordinateur est chiffré par BitLocker (dans Système et sécurité sur un PC) ou FileVault (dans Paramètres de sécurité et de confidentialité sur un Mac).

Travail à distance

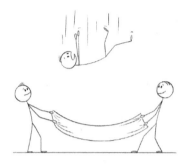

Configuration sécurisée et gestion des accès

« Traitez votre mot de passe comme votre brosse à dents. Ne laissez personne d'autre l'utiliser et changer le tous les trois mois »

Ensuite, nous allons examiner comment la configuration de vos ordinateurs, applications et appareils mobiles affecte votre vulnérabilité aux cyberattaques.

Nous allons parler de votre solution anti-malware, des mises à jour logicielles, de la façon dont vous utilisez un pare-feu (si vous le faites) et de la façon dont vous gérez vos mots de passe et votre accès.

Commençons par parler d'anti-malware.

Les ordinateurs Apple ne sont pas fournis par l'usine avec une application anti-malware, mais le système d'exploitation OSX d'Apple est basé sur un descendant sécurisé d'UNIX, et OSX dispose également de fonctionnalités de sécurité avancées, qui sont extrêmement efficaces contre les logiciels malveillants[11].

Mais les ordinateurs qui exécutent une version récente de Windows comme 10 ou 11, ont une solution anti-malware Microsoft intégrée gratuite. L'anti-malware gratuit de Microsoft fonctionne bien, mais il a été démontré par certains chercheurs en sécurité être inefficace contre certains logiciels malveillants avancés[12].

Ainsi, si vous utilisez un produit anti-malware gratuit et que ni vous ni votre support informatique n'avez entièrement configuré les fonctionnalités avancées de votre anti-malware Microsoft, vous risquez d'être vulnérable.

Les produits anti-malware efficaces utilisent des techniques avancées telles que l'apprentissage automatique pour détecter les menaces qui n'ont jamais été détectées auparavant. Et les meilleures solutions anti-malware détecteront les applications installées qui ont besoin de mises à jour de sécurité.

Si vous êtes un utilisateur à domicile, et que vous ne visitez jamais de sites Web risqués, et que vous n'accédez à rien de valeur sur votre ordinateur, alors vous êtes probablement bien avec un produit anti-malware gratuit comme celui de Microsoft.

Mais en tant qu'utilisateur professionnel, vous devez vous demander quel est le niveau de risque de votre organisation et si votre direction est prête à payer un peu plus pour éviter d'être infectée par des logiciels malveillants ou des ransomwares.

Les solutions anti-malware pour les consommateurs et pour les entreprises diffèrent considérablement. En plus de la gestion centralisée des mises à jour et de la désinfection, les solutions d'entreprise offrent désormais des fonctionnalités telles que la détection et la réponse aux points de terminaison (EDR), qui automatisent la détection et le signalement des intrusions dans le système des utilisateurs.

L'échec de l'installation ou de la configuration correcte d'une solution anti-malware efficace est l'une des cinq principales raisons pour lesquelles les ordinateurs des utilisateurs sont la source d'incidents de cybersécurité graves et de ransomwares.

Parlons maintenant un peu des vulnérabilités logicielles.

Chaque semaine, de nouvelles vulnérabilités logicielles sont découvertes dans les systèmes d'exploitation tels que Windows, OSX, Linux, IOS et Android, ainsi que dans les applications logicielles. De temps en temps, ces vulnérabilités sont si graves qu'un attaquant peut obtenir un contrôle total sur un ordinateur sans même être connecté.

Ainsi, les systèmes d'exploitation et les applications logicielles sur les ordinateurs et les appareils mobiles doivent être mis à jour régulièrement, afin que les mises à jour de sécurité soient appliquées. Des entreprises comme Microsoft organise un événement appelé « Patch Tuesday » où elles publient plusieurs mises à jour de sécurité le deuxième mardi de chaque mois. Mais des mises à jour peuvent être publiées à tout moment.

Votre ordinateur personnel sera normalement configuré pour installer des mises à jour automatiques, alors que dans la plupart des organisations, les mises à jour de sécurité ne sont pas appliquées automatiquement, mais via un processus de gestion des modifications soigneusement contrôlé.

Donc, si vous voyez un avertissement indiquant que les mises à jour sont prêtes à être installées, tenez compte de l'avertissement, puis installez et redémarrez dès que vous avez enregistré tout ce sur quoi vous travaillez.

Il se peut que vous ne soyez pas invité à mettre à jour les applications ou que les mises à jour automatiques des applications échouent. Ainsi, pour les ordinateurs personnels, il est important d'installer une solution anti-malware qui vérifie les applications qui ont besoin de mises à jour.

Et si tout le reste échoue, c'est une bonne idée de vérifier manuellement les applications comme votre navigateur pour vous assurer qu'elles se mettent à jour par elles-mêmes. En effet, les navigateurs sont les plus proches des menaces que vous rencontrez tous les jours sur Internet.

L'absence d'application de mises à jour de sécurité aux ordinateurs des utilisateurs individuels ou aux serveurs informatiques utilisés dans l'infrastructure de l'entreprise est une autre cause importante d'incidents de cybersécurité et de ransomware.

Une autre vulnérabilité importante est l'échec de la mise à niveau des anciens systèmes avec de nouvelles versions de systèmes d'exploitation et d'applications lorsque les anciens ne sont plus pris en charge.

Des entreprises comme Microsoft publie diverses dates auxquelles leurs produits ne recevront plus de mises à jour de sécurité. Ils se réfèrent à ces dates comme étant hors support. Par exemple, les utilisateurs de Windows 7 n'ont pas reçu de mises à jour de sécurité depuis le 14 janvier 2020, bien que les organisations qui paient un abonnement aux mises à jour les recevront jusqu'au 10 janvier 2023.

Ces dates sont facilement trouvable avec une recherche Google ou sur Wikipédia.

Voyons maintenant ce qu'est un pare-feu et comment il devrait vous protéger, vous et les autres, contre les cyberattaques.

Depuis des années, des pares-feux sont utilisés dans les voitures et les bâtiments pour isoler les personnes des incendies potentiels dans le compartiment moteur ou dans une autre partie d'un bâtiment.

En règle générale, un pare-feu est construit à partir de métal ou d'un autre matériau résistant au feu, et il y a de petites ouvertures faites pour que les tuyaux et les câbles puissent passer.

Un pare-feu dans l'informatique est quelque peu similaire. Il est utilisé pour isoler votre ordinateur des réseaux non fiables, et il y a quelques petites ouvertures faites pour les connexions nécessaires.

En cybersécurité, un pare-feu est une ligne de défense supplémentaire, qui surveille et contrôle les connexions réseau à l'intérieur et à l'extérieur de votre ordinateur, ou des serveurs dans le cas de l'infrastructure informatique d'une entreprise ou d'une école.

Par exemple, votre pare-feu peut bloquer les connexions de partage de fichiers entrantes à votre ordinateur, mais permettre à votre ordinateur d'établir des connexions sortantes pour accéder aux imprimantes et à Internet.

Votre service informatique doit gérer les pares-feux de votre environnement de travail, au moins pour l'infrastructure des serveurs de l'entreprise. Mais ils peuvent ne pas maintenir une configuration de pare-feu sécurisée sur votre ordinateur de bureau ou portable.

Si vous utilisez un MAC ou un PC moderne avec Windows 10 ou 11, il y a de fortes chances que votre pare-feu soit activé par défaut.

Mais le simple fait de s'appuyer sur une configuration de pare-feu par défaut prête à l'emploi n'est pas très sécurisé, en particulier au travail ou à l'école. Les organisations bien gérées utiliseront également une configuration de pare-feu sécurisée sur les ordinateurs des utilisateurs, en particulier s'ils travaillent à domicile ou à distance via VPN.

L'absence de pare-feu ou un pare-feu mal configuré sur votre ordinateur augmentera votre vulnérabilité et les risques de cyberattaque se propageant latéralement au sein de votre organisation si votre ordinateur ou celui d'un collègue est compromis.

Ensuite, nous allons examiner comment vous pouvez être vulnérable si vous n'utilisez pas les meilleures pratiques dans la gestion de vos mots de passe et de votre accès.

La façon dont vous utilisez les mots de passe a un impact important sur votre vulnérabilité aux cyberattaques. Parce que de nombreux sites comme LinkedIn et Facebook ont été piratés à plusieurs reprises, il y a de fortes chances que vos mots de passe pour ces sites soient en vente quelque part sur le dark web.

Vous pouvez vérifier si vos mots de passe ont été impliqués dans une violation de données en utilisant un site comme haveibeenpwned.com. Si « vous avez été pwned » et que vous avez utilisé votre adresse e-mail professionnelle et le même mot de passe sur un site professionnel ou scolaire accessible au public, votre accès à ces sites est vulnérable.

Si vous avez un mot de passe faible, votre compte peut être piraté à l'aide d'une attaque par force brute ou d'une attaque par dictionnaire. Ces attaques essaient des milliers de mots de passe possibles jusqu'à ce que le mot de passe correct soit trouvé.

Si votre mot de passe est piraté ou trouvé en ligne, vous êtes vulnérable, surtout si vous n'utilisez pas l'authentification multi facteur (MFA).

MFA signifie que vous utilisez un autre facteur en plus de votre nom d'utilisateur et de votre mot de passe pour vous connecter. Il peut s'agir d'un code que vous recevez via un SMS, une notification push, d'une application comme Authy ou Duo, ou d'un périphérique USB que vous branchez sur le port USB de votre ordinateur ou votre téléphone.

Une mauvaise gestion des mots de passe et l'échec de l'activation de l'authentification multi facteur sont une autre grande raison pour laquelle tant d'organisations se retrouvent victimes de violations de données et d'attaques de ransomware.

En résumé, en étant négligent avec les mots de passe, vous vous laissez vous-même et potentiellement vos collègues au travail ou à l'école, plus vulnérables.

À l'heure actuelle, je pense que vous pouvez voir maintenant comment une configuration informatique non sécurisée et une mauvaise gestion des accès peuvent avoir un impact important sur votre risque de cyberattaque.

Exercice

Voici un exercice rapide à faire maintenant.

1. Téléchargez l'exemple sécurisé de fichier de test anti-malware à partir du site Web https://eicar.org. Téléchargez-le sur le disque et voyez si votre anti-malware vous alerte.

2. Vérifiez si votre compte a été compromis lors d'une violation de données en utilisant le site Web suivant https://haveibeenpwned.com

3. Créez un mot de passe que vous pourriez potentiellement utiliser, mais assurez-vous que vous ne l'avez jamais utilisé auparavant, puis testez-le pour la force et la qualité sur ce site https://password.kaspersky.com

Comment prévenir les cyberattaques

« Quelqu'un a piraté mon mot de passe Gmail. Alors maintenant, je dois renommer mon chat »

Ensuite, nous allons examiner les choses que vous pouvez faire pour réduire les risques que vos cyber vulnérabilités soient exploitées.

Nous couvrirons les meilleures pratiques que vous pouvez appliquer à votre utilisation quotidienne de l'informatique. Bon nombre de ces mesures ne vous coûteront rien, mais elles vous aideront, vous et votre organisation, à vous protéger contre les cyberattaques.

Examinons d'abord l'utilisation du courrier électronique.

Lorsque vous lisez votre courriel, il est important de traiter tout courriel suspect avec prudence. Trois choses à rechercher sont le domaine de l'expéditeur, le vocabulaire dans le courriel et tout appel à l'action.

Je suis sûr que vous savez déjà ce qu'est le SPAM, mais juste au cas où. Le SPAM est simplement un courrier électronique ou d'autres types de messagerie électronique, qui vous est envoyé, à vous et à beaucoup d'autres, sans consentement.

Ne répondez jamais au SPAM. Déplacez-le dans votre dossier de courrier indésirable ou si vous recevez plusieurs messages du même expéditeur, créez une règle pour le faire pour vous à l'avenir.

Certaines applications de messagerie vous permettent de signaler le SPAM. S'il s'agit vraiment de SPAM, faites-le. Mais le SPAM ne doit pas être confondu avec les courriels que vous recevez parce que vous avez rejoint une liste de diffusion. Si vous ne souhaitez plus recevoir de courriels d'une liste, désabonnez-vous simplement de celle-ci.

N'ouvrez jamais de pièces jointes à moins de connaître et de faire confiance à la personne qui les a envoyées, et s'il est normal qu'elle vous envoie des pièces jointes.

Évitez de cliquer sur des hyperliens dans les messages électroniques, même sur les liens de désabonnement, sauf si vous êtes sûr à 100% que le domaine de l'expéditeur est authentique et fiable.

Examinons maintenant la messagerie instantanée. Tout d'abord, évitez de répondre aux messages instantanés de personnes que vous ne connaissez pas. Mais si vous devez répondre, ne partagez jamais d'informations personnelles sur des applications de messagerie instantanée, par exemple où vous travaillez ou où vous vivez.

Méfiez-vous des faux profils d'influenceurs et ignorez toute personne qui vous contact avec des opportunités d'investissement ou des offres trop belles pour être vraies.

Tout comme pour le courrier électronique, évitez de cliquer sur les liens que vous recevez dans un message instantané. Supposez que le lien mène à un logiciel malveillant, même si le lien semble provenir d'une personne que vous connaissez.

Configurez les paramètres de votre application de messagerie instantanée pour une confidentialité maximale.

Et enfin, assurez-vous que le logiciel de vos appareils mobiles est mis à jour et mis à niveau sur la dernière version du système d'exploitation. Activez les mises à jour automatiques dans la mesure du possible.

Ensuite, voyons ce que vous pouvez faire pour rendre votre navigation sur le Web plus sûre.

Votre navigateur Web est probablement l'une des applications que vous utilisez le plus souvent dans une journée typique, mais c'est aussi l'application qui vous expose à plus de risques.

La chose la plus importante à faire est de vous assurer que vous utilisez la dernière version de votre navigateur Web. Pour la plupart des gens, cela sera automatique, car Apple et Microsoft incluent leurs propres navigateurs dans les mises à jour du système d'exploitation.

Mais les mises à jour automatiques peuvent échouer, ça vaut donc la peine de vérifier de temps en temps.

C'est également une bonne idée de configurer les paramètres de votre navigateur pour une confidentialité et une sécurité maximale.

Lorsque votre navigateur vous avertit d'un certificat non valide ou d'un site malveillant, vous devez tenir compte de l'avertissement et ne pas visiter le site.

Pour une ligne de défense supplémentaire, vous devez installer des extensions de navigateur de Malwarebytes, Kaspersky ou Microsoft qui vous alertent ou bloquent l'accès aux sites malveillants.

Enfin, si vous utilisez un ancien navigateur comme Internet Explorer, vous devez utiliser Chrome, Firefox ou Edge à la place.

Voyons maintenant comment vous pouvez être en sécurité en utilisant le Wi-Fi public et privé.

Tout d'abord, si vous gérez votre propre Wi-Fi à la maison, essayez de configurer votre routeur ou point d'accès pour utiliser le plus haut niveau de sécurité Wi-Fi possible. Cela pourrait signifier n'autoriser que WPA3 par exemple. Assurez-vous que tous vos appareils fonctionnent toujours, car certains appareils plus anciens ne prennent pas en charge WPA3.

Si le code PIN WPS est activé sur votre routeur, vous devez le désactiver.

Et utilisez un long mot de passe complexe pour votre réseau Wi-Fi. La plupart des Wi-Fi prennent en charge les mots de passe jusqu'à 63 caractères.

La meilleure façon de générer et d'enregistrer un long mot de passe Wi-Fi complexe est d'utiliser le générateur de mot de passe d'un bon coffre-fort comme BitWarden.

Et si vous souhaitez permettre aux invités d'utiliser votre Wi-Fi, créez un réseau Wi-Fi séparé pour qu'ils puissent l'utiliser. Cela peut être fait avec la plupart des routeurs et points d'accès Wi-Fi.

Modifiez toujours le mot de passe administrateur par défaut sur votre routeur Wi-Fi et désactivez l'administration à distance à partir d'Internet.

Lorsque vous utilisez des points d'accès Wi-Fi publics chez Starbucks ou dans les hôtels, assurez-vous de toujours vous connecter à votre VPN dès que vous vous connectez au réseau Wi-Fi. De nombreux clients VPN peuvent être configurés pour le faire automatiquement.

Les travailleurs à domicile responsables de leur propre système informatique devraient également utiliser un VPN s'ils ont des doutes sur la façon de configurer les réseaux Wi-Fi en toute sécurité.

Étant donné que les réseaux Wi-Fi ouverts ne nécessitent pas de mot de passe pour se connecter, vous devriez éviter de les utiliser, car votre ordinateur ou votre appareil mobile est très vulnérable lorsque vous êtes connecté à un réseau partagé ouvert.

Si vous utilisez un réseau Wi-Fi public et que vous voyez des avertissements dans votre navigateur concernant des certificats non valides, vous êtes plus en sécurité en n'utilisant pas ce réseau.

Enfin, les travailleurs à distance doivent s'assurer qu'ils sont toujours connectés à un VPN lorsqu'ils utilisent un Wi-Fi qui n'est pas géré par leur propre équipe informatique.

Ensuite, nous allons plonger dans le Bluetooth.

Les appareils Bluetooth sont vulnérables à de nombreux piratages différents. Les vulnérabilités les plus graves permettent à un attaquant d'installer des logiciels malveillants sur votre appareil ou de capturer tout ce que vous tapez à partir de votre clavier, y compris vos mots de passe.

Les personnes travaillant dans des emplois sensibles dans la finance, la sécurité, l'armée ou le gouvernement devraient éviter d'utiliser le Bluetooth et des appareils sans fil similaires, en s'en tenant plutôt à des claviers et des souris filaires.

Si vous utilisez des appareils compatibles IoT sur votre réseau domestique, il est également judicieux de les connecter à Internet via un réseau Wi-Fi isolé séparé.

Ensuite, nous examinerons la sécurité physique et la façon dont vous pouvez protéger vos données. Vous devez prendre des précautions supplémentaires pour éviter la perte de données si vous utilisez un ordinateur portable ou un appareil mobile dans des lieux publics.

Tout d'abord, assurez-vous que les ordinateurs portables et autres appareils mobiles ont leur stockage crypté. Windows 10 Professionnel utilise BitLocker pour cela, et Apple Mac utilise FileVault.

De même, assurez-vous que tout stockage portable comme les disques USB ou les clés USB sont crypté.

Si vous travaillez dans un rôle sensible comme la sécurité ou les opérations bancaires, les ports USB de votre ordinateur portable doivent être bloqués physiquement ou désactivés à l'aide d'un logiciel.

Ne laissez jamais votre ordinateur portable sans surveillance, mais si vous le devez, assurez-vous qu'il y a un court délai de verrouillage de l'écran et que vous verrouillez l'écran avant de le quitter.

Si vous gérez votre propre système informatique, assurez-vous d'avoir installé une solution antimalware moderne avancée comme Malwarebytes ou Kaspersky.

Les mises à jour et les mises à niveau logicielles sont également importantes. Assurez-vous que votre ordinateur et vos appareils mobiles sont configurés pour les mises à jour automatiques du système et vérifiez périodiquement que les mises à jour n'échouent pas.

Vérifiez que les applications qui peuvent être configurées pour des mises à jour automatiques comme Microsoft Office et les navigateurs Web sont bien mises à jour. Mettez-les à jour manuellement si nécessaire.

De temps en temps, Microsoft et Apple publient une nouvelle version majeure de Windows et OSX. En général, vous devez mettre à niveau vos appareils Apple immédiatement, mais il est préférable d'attendre au moins un an avant d'installer une nouvelle version majeure de Windows, par exemple pour passer de Windows 10 à Windows 11.

Les pares-feux peuvent également vous protéger et empêcher la propagation de logiciels malveillants sur les réseaux.

Si vous gérez votre propre système informatique, assurez-vous qu'au moins votre pare-feu est actif sur votre Mac ou PC. Si vous êtes un utilisateur avancé ou si vous souhaitez plus de visibilité et de contrôle sur les connexions réseau établies, vous pouvez installer un pare-feu tiers comme LittleSnitch sur Mac ou GlassWire sur PC.

Voyons comment gérer l'accès à vos services et vos mots de passe sécurisés.

Utilisez un gestionnaire de mots de passe de confiance comme BitWarden qui vous aidera à générer et à stocker des mots de passe complexe en toute sécurité. Les mots de passe stockés dans BitWarden seront synchronisés entre vos différents appareils mobiles et votre ordinateur.

L'utilisation de BitWarden vous aidera également à créer un mot de passe unique pour chaque service que vous utilisez, car vous n'avez jamais besoin de vous souvenir des mots de passe stockés dans BitWarden. Mais vous devez utiliser un mot de passe robuste dont vous pouvez vous souvenir ainsi qu'une méthode multifactorielle sûre, pour accéder à vos autres mots de passe dans BitWarden.

Bien que de nombreux navigateurs comme Chrome et Safari prennent en charge l'enregistrement des mots de passe dans le navigateur, cela n'est pas recommandé, car si votre ordinateur est compromis, un attaquant aura accès à votre navigateur et donc à tous vos mots de passe.

MFA est que vous utilisez une autre information en plus de votre mot de passe pour valider votre connexion. Il peut s'agir d'un code que vous obtenez par SMS, d'une application mobile comme Authy ou Duo, ou d'un jeton matériel comme YubiKey.

Pour chaque application web ou mobile vous utilisez comme Gmail ou LinkedIn, activez l'authentification multi facteur authentification (MFA) pour la connexion.

Alors, résumons ce que nous avons couvert.

Dans cette section, nous avons couvert de nombreuses façons de réduire votre vulnérabilité et d'améliorer votre protection contre les cyberattaques.

Nous avons examiné comment utiliser en toute sécurité le courrier électronique et la messagerie, la navigation sur le Web, le Wi-Fi et le Bluetooth, la sécurité physique et les périphériques USB, les solutions anti-malware, les mises à jour logicielles, la sécurité réseau avec un pare-feu, la gestion des mots de passe et l'authentification multi facteur.

Il peut sembler que nous avons couvert beaucoup de choses. Mais apporter des améliorations à seulement deux ou trois de ces domaines importants fera une grande différence pour votre cybersécurité.

Regardons un dernier point qu'il est important de savoir.

De nombreuses sociétés de crypto-monnaie se vantent fièrement sur leur site Web qu'elles sont l'échange ou l'application cryptographique le plus sécurisé, pour se faire voler des millions plus tard, lors d'un incident de cybersécurité très public et embarrassant.

Sachez simplement qu'il est impossible d'atteindre un point où votre organisation est sécurisée à 100%. Considérez toujours la cybersécurité comme un processus d'amélioration continue.

Exercice

Voici un exercice rapide à faire maintenant.

1. Si vous n'avez pas encore de navigateur Google Chrome, téléchargez-le et installez-le.
2. Téléchargez et installez l'extension Malwarebytes Browser Guard pour Chrome.
3. Recherchez sur Google « Microsoft Office Cracké » et assurez-vous que Malwarebytes vous avertit si vous essayez de visiter les 2 ou 3 premiers sites répertoriés sur Google.

Que se passe-t-il si vous êtes victime d'une cyberattaque ?

« L'avenir dépend de ce que vous faites aujourd'hui. »

Dans cette section, nous allons discuter de ce que vous devez faire si vous soupçonnez être victime d'une cyberattaque.

Dans une certaine mesure, si vous venez de découvrir que votre organisation est victime d'une cyberattaque, il est trop tard. Vous avez probablement perdu des données, de l'argent ou vos fichiers ont été cryptés et on vous demande de payer une rançon pour les récupérer.

Pas de chance, votre entreprise va probablement être aux nouvelles et dans les journaux.

C'est pourquoi le chapitre précédent sur les façons d'éviter les cyberattaques est si important.

Faire face aux cyberattaques telles que les ransomwares dans une grande organisation est extrêmement complexe et prend beaucoup de temps, et les coûts peuvent se chiffrer en millions. Ainsi, cette section n'est qu'un aperçu de haut niveau d'un processus générique qui peut ou non être suivi dans votre organisation, lors d'une cyberattaque.

Le processus exact de réponse aux cyber incidents que votre organisation suit sera déterminé par votre équipe de sécurité et la direction de votre entreprise.

Dans tous les cas, une fois que vous soupçonnez que vous pourriez être victime d'une cyberattaque, il est important de suivre 7 étapes.

1. **Confirmer l'attaque**
2. **Passez à votre support informatique**
3. **Contenir l'attaque**
4. **Évaluer & réparer les dommages**
5. **Signaler aux autorités**
6. **Informer le public**
7. **Documenter les leçons apprises**

Si la cyberattaque affecte un système professionnel ou scolaire, vous ne devez suivre que les étapes 1 et 2, sauf si vous travaillez dans l'équipe de sécurité de votre organisation.

Si vous gérez votre propre système informatique à la maison, vous devez probablement obtenir le soutien d'une organisation de support informatique bien connue.

Étape #1

Trouvez un moyen de confirmer rapidement l'attaque ou de décider qu'il s'agit d'une fausse alerte. Cela peut être simple si vous voyez que vos fichiers ont été brouillés par un ransomware. Mais il existe de nombreux autres types d'attaques comme le déni de service, les infections de logiciels malveillants, l'extorsion et le vol de données. La façon dont vous confirmez l'attaque sera différente dans chaque cas.

Étape #2

Une fois que vous avez confirmé une cyberattaque, vous devez transmettre le problème à votre support informatique ou à votre équipe de sécurité sans délai. Cela devrait être fait discrètement, car les incidents de cybersécurité ne devraient pas être divulgués au public, ou aux journalistes, etc., sauf par les rôles corrects dans votre organisation. N'essayez pas d'enquêter ou de résoudre les incidents de sécurité vous-même, sauf si c'est votre travail de le faire et votre responsabilité.

Étape #3

Ensuite, votre équipe de sécurité informatique doit contenir les dommages et limiter la propagation des logiciels malveillants à d'autres systèmes. Ainsi, s'ils ont affaire à des logiciels malveillants ou à des ransomwares, ils doivent isoler les systèmes affectés, en les déconnectant d'Internet et de tout autre réseau comme le Wi-Fi.

Étape #4

Ensuite, ils doivent évaluer et réparer les dommages. Dans le cas de logiciels malveillants ou de ransomwares, cela signifie reconstruire de nouveaux systèmes et restaurer les données à partir de sauvegardes.

Étape #5

Selon l'endroit où vous vous trouvez, si des données personnelles, des données médicales, des numéros de carte de crédit ou des données bancaires ont été compromis lors d'une attaque, votre organisation a l'obligation légale de le signaler aux autorités, ainsi qu'aux personnes concernées.

Les organisations qui fournissent des services essentiels ou des services numériques dans l'UE sont également tenues, en vertu de la directive[13]), de signaler rapidement les incidents de cybersécurité aux autorités.

Même si votre organisation n'est pas obligée de signaler une cyberattaque au public, il est préférable de le faire dans une communication contrôlée, car les détails de l'attaque peuvent de toute façon être divulgués par un employé.

Étape #6

Enfin, votre équipe de sécurité informatique doit effectuer une analyse des causes profondes et documenter les leçons tirées de la cyberattaque.

Cela complète ce chapitre sur ce qu'il faut faire si vous soupçonnez d'être victime d'une cyberattaque.

Que se passe-t-il si vous êtes victime d'une cyberattaque ?

Certification Cyber Essentials au Royaume-Uni

« La confiance technologique est une bonne chose, mais le contrôle est meilleur. »

Ce chapitre examine en détail le programme de certification Cyber Essentials[14], qui a été développé par le gouvernement britannique, pour aider à protéger la population britannique contre les cybermenaces.

Bien que vous ne viviez peut-être pas au Royaume-Uni ou que vous n'ayez pas de relations d'affaires là-bas, les contrôles de sécurité de la norme sont très utiles à examiner, car Cyber Essentials convient bien aux organisations dont la stratégie de cybersécurité n'est pas encore mature ou aux entreprises qui n'ont peut-être pas encore de système de gestion de la sécurité de l'information en place.

Alors, qu'est-ce que Cyber Essentials ?

Le programme Cyber Essentials du Royaume-Uni est une certification de sécurité soutenue par le gouvernement conçue pour aider les organisations de toute taille à améliorer leur cybersécurité. Il a été lancé en 2014 pour aider les organisations à mettre en œuvre un ensemble de contrôles de sécurité simplifiés qui atténueraient les plus grands risques avec le moins d'effort possible.

Cyber Essentials devait être exploité à trois niveaux différents, par des organismes de certification, des organismes d'accréditation et le NCSC (Nation Cyber Security Centre) du Royaume-Uni.

Il existe de nombreux organismes de certification dans tout le Royaume-Uni, et ce sont les organisations qui effectuent des évaluations et délivrent des certificats. Depuis le début du programme en 2014, il y avait cinq organismes d'accréditation : APMG, CREST, IASME, IRM security et QG. Cependant, depuis 2020, l'IASME est le seul organisme d'accréditation. Le NCSC supervise le programme Cyber Essentials.

Dans l'auto-évaluation, la certification initiale qui se fait en ligne, implique de répondre à un ensemble de questions, dans le questionnaire d'auto-évaluation (SAQ), et la soumission doit être signée par un administrateur de l'entreprise. Il ne s'agit pas d'un simple questionnaire à choix multiples. Les questions doivent être répondues avec une entrée de forme libre donnant des détails sur la configuration du système.

La certification Cyber Essentials est valable 12 mois. Pour l'auto-évaluation de Cyber Essentials, les organisations sont évaluées à l'aide d'un questionnaire. Pour Cyber Essentials Plus, un audit est requis au moins 3 mois après l'auto-certification.

Pour les organisations qui souhaitent faire l'audit Cyber Essentials Plus, une visite sur place est requise. Cela peut être fait par l'un des nombreux organismes de certification.

Au moment de la rédaction de cet article, le coût de l'auto-évaluation est de 300 £ + TVA et cela passe à 500 £ + TVA pour les grandes organisations.

Cyber Essentials Plus coûtera beaucoup plus cher puisque l'organisme de certification devra se rendre sur place et tester la sécurité des systèmes. Si vous êtes au Royaume-Uni et que vous souhaitez sérieusement protéger votre organisation contre les cyberattaques, Cyber Essentials Plus est vraiment ce dont vous avez besoin.

Le site Web du NCSC contient toutes les ressources dont vous pourriez avoir besoin pour vous préparer à l'auto-évaluation ou à Cyber Essentials Plus. La plupart des efforts seront probablement consacrés à la préparation de la certification en mettant à jour les politiques et en améliorant la sécurité. Une fois que vous vous êtes préparé, la soumission du questionnaire sera simple.

Quels sont les avantages de la certification Cyber Essentials ?

Le plus grand avantage de l'obtention de la certification Cyber Essentials est que le processus améliorera sans aucun doute la sécurité de votre organisation. Cela démontre également l'engagement à sécuriser les chaînes d'approvisionnement et à s'assurer que les organisations sont résilientes face aux ransomwares, aux logiciels malveillants ou à d'autres types de cyberattaques.

Être certifié Cyber Essentials donne également à la direction d'une organisation un certain degré de tranquillité d'esprit, en ce sens qu'ils ont une bonne base de sécurité en place.

Les organisations domiciliées au Royaume-Uni certifiées par un organisme de certification IASME sont éligibles à une cyber assurance gratuite, à condition que leur chiffre d'affaires ne dépasse pas 20 millions de livres sterling.

Enfin, les contrats avec le gouvernement central au sein duquel des données sensibles sont traitées ou lorsque certaines technologies sont fournies nécessiteront obligatoirement une certification Cyber Essentials.

Quelles sont les exigences de sécurité de Cyber Essentials ?

Exigence n° 1 : Pare-feu
Les pares-feux de périmètre doivent être utilisés pour isoler les actifs numériques de l'organisation des réseaux et des périphériques non approuvés. Les pares-feux et les périphériques réseau doivent être configurés en toute sécurité. Les pares-feux basés sur l'hôte sont recommandés pour les points de terminaison.

Exigence n° 2 : Configuration sécurisée

Les ordinateurs et les périphériques réseau doivent être configurés en toute sécurité, en désactivant les services qui ne sont pas nécessaires, en modifiant les comptes par défaut et en mettant régulièrement à jour les logiciels et en leur appliquant des correctifs.

Exigence n° 3 : Contrôle d'accès des utilisateurs

Cette exigence spécifie que les comptes d'utilisateurs ne doivent être disponibles que pour les utilisateurs qui en ont un besoin valable. En outre, l'accès basé sur les rôles doit garantir que les utilisateurs autorisés n'ont accès qu'aux actifs numériques auxquels ils ont spécifiquement besoin d'accéder. Cette exigence couvre également les stratégies de mot de passe et l'authentification multi facteur.

Exigence n° 4 : Protection contre les logiciels malveillants

Cette exigence exige que les logiciels malveillants soient évités en utilisant un logiciel anti-malware efficace, une liste blanche d'applications ou un sandboxing. Il stipule que les signatures anti-malware doivent être mises à jour régulièrement et que la protection doit inclure des contrôles d'accès au Web et aux fichiers.

Exigence n° 5 : Gestion des mises à jour de sécurité
Cette dernière exigence nécessite que tous les logiciels de tous les appareils soient mis à jour et corrigés conformément aux meilleures pratiques en matière de gestion des vulnérabilités. L'exigence stipule également que les logiciels doivent faire l'objet d'une licence et que tous les logiciels qui ne sont plus pris en charge doivent être supprimés.

Ces exigences sont parfois modifiées, alors vérifiez toujours auprès du site officiel de Cyber Essentials au Royaume-Uni pour les mises à jour.

Comment faire une évaluation Cyber Essentials ?

Étape #1 : Utiliser la boîte à outils de préparation
Le NCSC du Royaume-Uni dispose d'un outil très utile pour obtenir des conseils gratuits sur Cyber Essentials et tester votre préparation à l'auto-évaluation. Un questionnaire de type assistant vous guide à travers quelques questions de base sur votre organisation, votre infrastructure informatique et vos appareils. Vous recevrez des ressources utiles et des mesures à prendre avant de pouvoir être certifié.

Étape #2 : Lisez les exigences de sécurité

Le NCSC publie également un document PDF complet avec un ensemble complet d'exigences de sécurité qui doivent être respectées avant que la certification ne soit possible.

Étape #3 : Apportez les améliorations nécessaires

La plupart des organisations devront apporter des améliorations ou mettre en œuvre des processus de sécurité avant de pouvoir être certifiées pour Cyber Essentials. Le questionnaire contient des réponses textuelles de forme libre et si les réponses ne sont pas suffisantes, la certification sera rejetée. Il faut s'y attendre car les principaux objectifs de ce programme de certification sont d'améliorer la sécurité.

Étape #4 : Choisissez un organisme de certification

Pour améliorer vos chances d'obtenir la certification, recherchez un organisme de certification plus expérimenté qui est également autorisé à fournir des évaluations Cyber Essentials Plus. Vous pouvez également utiliser l'outil sur le site Web de l'IASME pour sélectionner n'importe quel organisme de certification dans la liste.

Étape #5 : Contacter l'organisme de certification et payer les frais

Les organismes de certification Cyber Essentials seront en mesure de donner d'autres conseils pour aider à compléter le questionnaire d'auto-évaluation. Il est préférable de contacter directement l'organisme de certification et de discuter du processus.

Étape #6 : Complétez le questionnaire en ligne

Une fois que vous avez reçu l'accès au questionnaire de sécurité, vous pouvez le remplir à votre rythme et le soumettre lorsque vous pensez avoir répondu suffisamment à toutes les questions.

Alors, Cyber Essentials est-ce un gaspillage d'argent ?

Considérant que vous pouvez être admissible à une assurance Cyber gratuite d'une valeur de 20 millions de livres sterling et que la cyberattaque moyenne au Royaume-Uni coûte environ 3 millions de livres sterling, c'est sûrement une évidence.

Mais si vous êtes au Royaume-Uni, est-il nécessaire de passer tout ce temps et ces efforts à obtenir la certification Cyber Essentials ?

Eh bien, voyons voir.

En janvier 2022, le NCSC a exhorté les organisations britanniques à renforcer leurs défenses en matière de cybersécurité, en raison des tensions entre la Russie et l'Ukraine. On craignait que si un conflit militaire éclatait, les organisations britanniques pourraient être la cible de cyberattaques comme celles qui ont paralysé l'Estonie pendant trois semaines en 2007.

Le NCSC a également conseillé aux organisations britanniques de prendre des mesures spécifiques pour se préparer à un tel événement.

Je pense qu'il est judicieux de dire qu'ils ont dû avoir une boule de cristal.

Exercice

Voici un autre exercice à faire maintenant.

Mais <u>ne</u> divulguez aucune information confidentielle sur votre organisation lorsque vous répondez aux questions de cette tâche. Utilisez des réponses fictives si nécessaire.

1. Rendez-vous sur le site Web de l'outil de préparation Cyber Essentials au Royaume-Uni et passez en revue les questions pour voir comment vous https://getreadyforcyberessentials.iasme.c o.uk

Signaler la cybercriminalité personnelle

Il n'est pas nécessaire de signaler la plupart des incidents personnels de cybersécurité. Si vous avez reçu des courriels contenant des escroqueries ou des liens malveillants dans la messagerie instantanée, vous n'êtes pas seul. Tout le monde les reçoit. Et si votre ordinateur a été infecté par un virus, vous avez besoin d'un support informatique, pas de la police.

Cependant, s'il existe des preuves claires que vous avez perdu de l'argent au profit d'un escroc, que vous avez été menacé ou que vous êtes extorqué, il peut s'agir d'un cas où vous devez déposer une plainte pénale auprès du service de police approprié.

Le processus est différent dans chaque pays et État, mais les liens suivants couvriront au moins certains des pays de l'UE, de la Suisse et des États-Unis.

Union européenne

Si vous vivez dans l'Union européenne et que vous souhaitez signaler un cybercrime important qui vous affecte personnellement, vous pouvez le signaler à votre service de police local. Vous trouverez une liste des forces de police européennes qui traitent la cybercriminalité, sur la page Europol suivante.

https://www.europol.europa.eu/report-a-crime/report-cybercrime-online

Suisse

Le Centre national suisse de cybersécurité permet aux individus de signaler la cybercriminalité à l'aide d'un formulaire à la page suivante.

https://www.report.ncsc.admin.ch/en/chat

Pour les cybercrimes importants, vous pouvez également vous adresser aux forces de police fédérales ou cantonales répertoriées sur cette page.

https://www.bakom.admin.ch/bakom/en/home page/digital-switzerland-and-internet/internet/fight-against-internet-crime.html

États-Unis

La victime d'un cybercrime aux États-Unis peut déposer une plainte auprès du FBI en utilisant leur page https://www.ic3.gov/

Signaler la cybercriminalité affectant les services critiques

Certains types d'incidents doivent être signalés rapidement aux autorités nationales conformément à la directive NIS de l'Union européenne et à d'autres exigences légales locales dans votre pays.

Les pays ont généralement leurs propres équipes nationales d'intervention en cas d'incident de sécurité informatique (CSIRT). Si vous devez signaler des incidents de cybersécurité importants qui concernent des services essentiels ou des services numériques, vous pouvez utiliser l'un des CSIRT nationaux répertoriés à l'URL suivante.

https://anyanylog.com/where-to-report-cyber-incidents/

Résumé

Maintenant que nous sommes arrivés à la fin du livre, je tiens à vous remercier d'être restés avec moi jusqu'à la fin. Voici un résumé de ce que nous avons couvert.

Tout d'abord, nous avons clarifié ce qu'est exactement la cybersécurité. Ensuite, nous avons examiné les raisons pour lesquelles c'est important et pourquoi tout le monde a besoin d'une formation en cybersécurité.

Ensuite, nous avons souligné comment vous pouvez être vulnérable aux attaques de pirates informatiques et de criminels.

Ensuite, nous avons couvert les différentes étapes que vous devez suivre pour prévenir les cyberattaques

Et nous avons examiné ce qu'il faut faire et ne pas faire si jamais vous êtes victime d'une cyberattaque.

Enfin, nous avons couvert le cadre Cyber Essentials du Royaume-Uni, qui est une norme de sécurité utile à examiner, surtout si vous n'utilisez pas actuellement un autre cadre de cybersécurité.

Deux courts chapitres expliquaient comment signaler les cybercrimes qui touchent une personne, et les cybercrimes plus graves qui touchent des services essentiels.

Enfin, dans la section de ressources suivante, vous trouverez des codes QR que vous pouvez scanner pour obtenir les URL de certains outils qui peuvent être utilisés pour vous aider à évaluer et à améliorer votre cybersécurité.

J'espère que vous avez trouvé ce livre intéressant et que vous utiliserez ce que vous avez appris pour améliorer votre cybersécurité, à la fois à la maison et au bureau.

Ressources

Les pages suivantes contiennent les détails de différents outils qui seront utiles pour tester et améliorer votre cybersécurité, ainsi que pour récupérer des incidents de sécurité et les empêcher de se reproduire.

Fichier de test de virus

L'Institut européen de recherche antivirus informatique fournit un fichier de test de virus que vous pouvez télécharger dans différents formats.

Les entreprises anti-malware incluent le fichier de test EICAR dans leurs définitions de virus, de sorte qu'il sera détecté de la même manière qu'un virus nuisible.

C'est un bon outil pour vérifier que votre logiciel ou service anti-malware fonctionne.

Anti-malware

Kaspersky Labs est une multinationale de logiciels de cybersécurité fondée en 1997.

La société produit différents logiciels et solutions de sécurité pour les consommateurs et les entreprises.

Les produits Kaspersky se sont révélés être les plus efficaces au monde contre les virus et les logiciels malveillants.

Vérificateur de mot de passe

Votre mot de passe n'est pas sûr s'il peut être trouvé en utilisant la force brute ou trouvé dans une base de données de mots de passe divulgués.

Cet outil vous permet d'entrer un mot de passe pour tester sa force, et de vérifier s'il a été volé lors d'un incident de vol de données connu, en le vérifiant dans une base de données de mots de passe divulgués.

Le site Web affirme qu'ils ne stockent pas les mots de passe que vous entrez pour tester.

Ai-je été pwned

Ce site dispose d'une base de données d'adresses électroniques, de mots de passe et de numéros de téléphone divulgués que vous pouvez vérifier.

Bien que le site semble digne de confiance, vous ne devez pas entrer votre mot de passe réel pour un site Web ou une application publique sensible, en particulier si vous travaillez dans un gouvernement, une armée ou d'autres rôles très sensibles.

Gestionnaire de mots de passe

Bitwarden est un gestionnaire de mots de passe open source fiable disponible sous forme d'application Windows, Mac, iPhone et Android. Il est également disponible en tant qu'extension de navigateur.

Vos données de connexion et de mot de passe sont synchronisées sur tous vos appareils.

Vous pouvez également exécuter votre propre serveur BitWarden privé pour votre entreprise.

BitWarden propose des plans gratuits et payants, et les plans payants offrent plus de fonctionnalités de sécurité.

Shodan

Ce site dispose d'une base de données d'appareils connectés à Internet qui peuvent être atteints par n'importe qui.

Vous pouvez trouver des appareils tels que des webcams, des imprimantes, des systèmes de contrôle industriels et même des ampoules.

Parfois, les gens autorisent les connexions à leurs appareils sur leurs réseaux à partir de l'ensemble d'Internet sans s'en rendre compte.

Ainsi, vous pouvez utiliser ce site pour vérifier si vous avez des appareils dans votre organisation qui peuvent être plus vulnérables car ils sont accessibles à partir d'Internet.

Audit de sécurité du navigateur

Ce site vous permet de tester la sécurité de votre navigateur. C'est particulièrement utile si vous utilisez une ancienne version de Windows ou un ancien ordinateur Apple qui ne prend plus en charge les mises à jour du navigateur.

Mais même les navigateurs modernes ont des problèmes de sécurité, vous pourriez donc être surpris par les résultats.

Confidentialité du navigateur

Cette extension de navigateur est disponible pour différents navigateurs comme Safari d'Apple, Google Chrome et Microsoft Edge.

Il offre une protection contre la plupart des trackers tiers pendant que vous recherchez et naviguez sur le Web.

Protection du navigateur

Malwarebytes Browser Guard détecte et bloque le contenu indésirable et dangereux, vous offrant une expérience de navigation plus sûre et plus rapide.

On prétend que c'est la première extension de navigateur au monde capable d'identifier et d'arrêter le type de fausses escroqueries au support technique de Microsoft, qui sont souvent utilisées pour priver les personnes âgées de leurs économies de toute une vie.

Test de logiciels malveillants à l'aide d'un site Web

Ce site est exploité par Forcepoint, qui était officiellement connu sous le nom de Websense.

Le site vous permet de copier et coller une URL suspecte ou une adresse IP dans le site, pour l'analyser à la recherche de contenu malveillant.

Cet outil est utile si quelqu'un vous envoie un lien que vous soupçonnez de contenir des logiciels malveillants.

Le site ne détecte pas tous les logiciels malveillants, alors utilisez-le en conjonction avec d'autres outils de vérification du site Web.

Recherche de filtre de site Web

Habituellement, les grandes organisations mettent en place des solutions de filtrage Web pour améliorer la sécurité.

La direction décide quelles catégories de sites Web sont autorisées ou non.

Ce site vous permet d'entrer une URL, pour voir dans quelle catégorie elle est classée.

Identifiant de ransomware

Ce site Web vous permet de télécharger un exemple de fichier ou un message de demande de rançon si vous êtes victime d'une attaque de ransomware.

Vous pouvez généralement identifier les ransomwares connus avec lesquels vous avez été infecté et savoir s'il existe un outil disponible pour récupérer vos fichiers sans payer de rançon.

Références

1. https://www.researchgate.net/publication/357835604_2007_
   CYBER_ATTACKS_IN_ESTONIA_A_CASE_STUDY
2. https://www.malwarebytes.com/stuxnet
3. https://www.kaspersky.com/resource-
   center/threats/darkhotel-malware-virus-threat-definition
4. https://www.bastille.net/research/vulnerabilities/mousejac
   k/technical-details
5. https://cyware.com/news/keysniffer-how-an-attacker-can-
   sniff-your-data-from-250-feet-e42daabd
6. https://www.asiaone.com/digital/logitechs-wireless-
   dongles-remain-wildly-insecure-and-vulnerable-attacks
7. https://www.bitdefender.com/blog/hotforsecurity/how-
   your-network-could-be-hacked-through-a-philips-hue-smart-
   bulb/
8. https://shop.hak5.org/products/usb-rubber-ducky
9. https://www.csoonline.com/article/3647173/badusb-
   explained-how-rogue-usbs-threaten-your-organization.html
10. https://theinvisiblethings.blogspot.com/2009/10/evil-maid-
    goes-after-truecrypt.html
11. https://arstechnica.com/gadgets/2022/08/apple-quietly-
    revamps-malware-scanning-features-in-newer-macos-
    versions/
12. https://youtu.be/1DG3y3q8_9M
13. https://www.enisa.europa.eu/topics/nis-directive
14. https://www.ncsc.gov.uk/cyberessentials/overview